BEI GRIN MACHT SICH IHR WISSEN BEZAHLT

AF143159

- Wir veröffentlichen Ihre Hausarbeit,
  Bachelor- und Masterarbeit

- Ihr eigenes eBook und Buch -
  weltweit in allen wichtigen Shops

- Verdienen Sie an jedem Verkauf

Jetzt bei www.GRIN.com hochladen und kostenlos publizieren

Bibliografische Information der Deutschen Nationalbibliothek:

Die Deutsche Bibliothek verzeichnet diese Publikation in der Deutschen National-
bibliografie; detaillierte bibliografische Daten sind im Internet über http://dnb.d-
nb.de/ abrufbar.

Impressum:

Copyright © 2017 GRIN Verlag
Druck und Bindung: Books on Demand GmbH, Norderstedt Germany
ISBN: 9783346147882

Dieses Buch bei GRIN:

https://www.grin.com/document/536509

Davis Gitt

Jahresabschlussanalyse, Controlling, Kostenrechnung

GRIN Verlag

GRIN - Your knowledge has value

Der GRIN Verlag publiziert seit 1998 wissenschaftliche Arbeiten von Studenten, Hochschullehrern und anderen Akademikern als eBook und gedrucktes Buch. Die Verlagswebsite www.grin.com ist die ideale Plattform zur Veröffentlichung von Hausarbeiten, Abschlussarbeiten, wissenschaftlichen Aufsätzen, Dissertationen und Fachbüchern.

Besuchen Sie uns im Internet:

http://www.grin.com/

http://www.facebook.com/grincom

http://www.twitter.com/grin_com

Deutsche Hochschule für

Prävention und Gesundheitsmanagement

Hermann Neuberger Sportschule 3

66123 Saarbrücken

Einsendeaufgabe

Fachmodul: Betriebswirtschaftslehre 3

Studiengang: Sportökonomie

Datum
Präsenzphase: 24.07.2017-27.07.2017

Name, Vorname: Gitt, Davis

Studienort: **Hamburg**

Semester: **WS/2015**

Inhaltsverzeichnis

1 Jahresabschlussanalyse

1.1 Teilanalysen der Jahresabschlussanalyse

1.1.1 Vertikale Strukturanalyse (Passivseite) für 2015 und 2016

Formeln für die Berechnung:

Eigenkapitalquote: EQ = (EK : ges. Kapital) x 100

Fremdkapitalquote: FQ = (Fremdkapital : ges. Kapital) x 100

Verschuldungsgrad VG = (Fremdkapital : Eigenkapital) x 100

Umschlagshäufigkeit des Kapitals: USH (K)= Umsatz : durchschnittliches Gesamtkapital

2015

Eigenkapitalquote: EQ = (1255,8:2149,1) x 100= 58,43%

Fremdkapitalquote: FQ = (893,3:2149,1) x 100= 41,57%

Verschuldungsgrad VG = (893.3:1255,8) x 100= 71,13%

Durchschnittliches Gesamtkapital= (Gesamtkapital 2015+Gesamtkapital 2016):2

Umschlagshäufigkeit des Kapitals: USH (K)=3150,257:2440,45= 1,29

2016

Eigenkapitalquote: EQ= (1438,0:2731,8) x100= 52,54%

Fremdkapitalquote: FQ= (1293,8:2731,8) x100= 47,36%

Verschuldungsgrad: VG= (1293,8:1438,0) x100= 89,97%

Durchschnittliches Gesamtkapital= (Gesamtkapital 2015+Gesamtkapital 2016):2

Umschlagshäufigkeit des Kapitals: USH (K)= 3652,369:2440,45= 1,5

1.1.2 Kurzfristige Finanzanalyse für 2015 und 2016

Liquidität 1. Grades: (Zahlungsmittelbestand: kurzfristige Verbindlichkeiten) x 100

Cash-flow: Gewinn + Abschreibungen

Working capital: Umlaufvermögen-kurzfristige Verbindlichkeiten

Gewinnermittlung:

Gesamtrentabilität = [(Gewinn + Fremdkapitalzinsen) : Gesamtkapital] x 100

Formel umstellen: Gewinn= (Gesamtrentabilität:100 x Gesamtkapital) - Fremdkapitalzinsen

2015

Gewinn= (0,0523x2149,1)-21,65= 90,75€

Liquidität 1. Grades: (83,5:291,5) x100= 28,26%

Cash-flow: 10346,49+72,250=10418,74€

Working capital: 651,4-291,5= 359.9€

2016

Gewinn= (0,0738%x2731,8)-19,40 =182,21€

Liquidität 1. Grades: (119,1:360,6) x100= 33,03%

Cash-flow: 7221,88+94,360=7321,24€

Working capital: 662,7-360,6= 302,1€

1.1.3 Erfolgsanalyse (Rentabilitätskennzahlen) für 2015 und 2016

Gewinnänderungsrate: [(Gewinn Geschäftsjahr: Gewinn Vorjahr)-1]x100

Eigenkapitalsrentabilität: (Gewinn:Eigenkapital) x100

Umsatzrentabilität (Gewinn:Umsatz) x100

2015

Eigenkapitalsrentabilität: (90,75:1255,8) x100=7,23%

Umsatzrentabilität (90,75:3150,257) x100=2,88%

2016

Eigenkapitalsrentabilität: (182,21:1438,0) x100=12,67%

Umsatzrentabilität (182,21:3652,369) x100=4,99%

Gewinnänderungsrate [(182,21:90,75)-1]x100= 100,78%

1.2 Wirtschaftliche Entwicklung

Beim Vergleich von 2015 und 2016 kann man feststellen, dass die Eigenkapitalquote leicht gesunken ist, das ergibt sich aus den erhöhten Verbindlichkeiten bzw. aus dem erhöhten Fremdkapital. Die erhöhten Verbindlichkeiten sind am erhöhten Verschuldungsgrad zu erkennen. Diese betrugen 2015 noch 71,13% und stiegen 2016 auf 89,97% an. Durch den Verschuldungsgrad wird auch das Verhältnis zwischen dem Fremdkapital und dem Eigenkapital deutlich.

Solange Die Eigenkapitalquote über 50% bleibt ist das Unternehmen kreditwürdig und weniger auf Fremdkapital angewiesen. Deutlich zu erkennen ist auch eine Erhöhung des Anlagevermögens. Das kann Aussagen, dass das Unternehmen XY GmbH in neue Anlagen investiert hat oder den gesamten Betrieb vergrößert hat. Dadurch wird auch das Verhältnis zwischen dem Fremdkapital und dem Eigenkapital deutlich.

Die Umschlagshäufigkeit des Kapitals ist im Jahr 2016 und 2016 über 1. Das sagt aus, dass das Unternehmen weniger von der Bank abhängig ist, da das Geld schnell wieder in das Unternehmen zurückfließt. Durch die Liquidität 1 Grades wird die Zahlungsfähigkeit des Unternehmens ermittelt. Dabei werden die kurzfristigen Verbindlichkeiten und der Zahlungsmittelbestand in das Verhältnis gesetzt. Die XY GmbH hat 2015 einen Wert von 28,26% und 2016 33,03%. Optimal sind Werte Zwischen 10% und 30% (Perridon und Steiner, 2007, S.547). Die Werte aus 2015 und 2016 sagen aus, dass das Unternehmen Liquide bzw. Zahlungsfähig ist. Durch die höheren Verbindlichkeiten hat sich der Cash-Flow von 2015 auf 2016 verringert. Der Cashflow beschreibt die Liquidität und die finanziellen Möglichkeiten von der XY GmbH. Die Kreditwürdigkeit der XY GmbH beschreibt das Working Capital (Schlaffke, W. & Plännecke, 2007, S.66). Von 2015 auf 2016 ist das Working Capital leicht gesunken, was sich positiv auswirkt das das Unternehmen weniger zu verzinsen hat. Der Gewinn hat sich zum Vorjahr Verdoppelt. Das ist zu erkennen an der Gewinnänderungsrate, die 100,78% beträgt. Den Gewinn können die Kosten und der Umsatz beeinflussen. Höhere Umsätze und gesenkte Kosten sind ein Grund für eine Erhöhung des Gewinns.

2 Controlling

2.1 Entwicklung eines Kennzahlensystems

Abb. 1. Kennzahlensystem

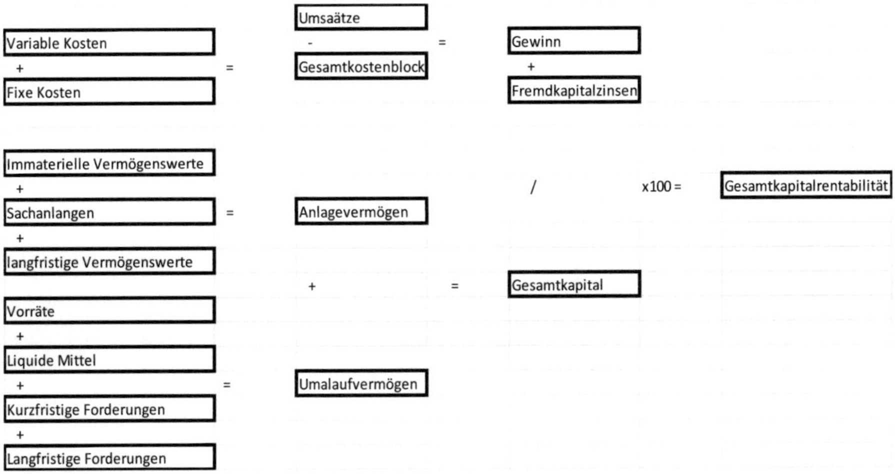

2.2 Entwicklung eines Controllingsystems

Abb. 2. Controllingsystem

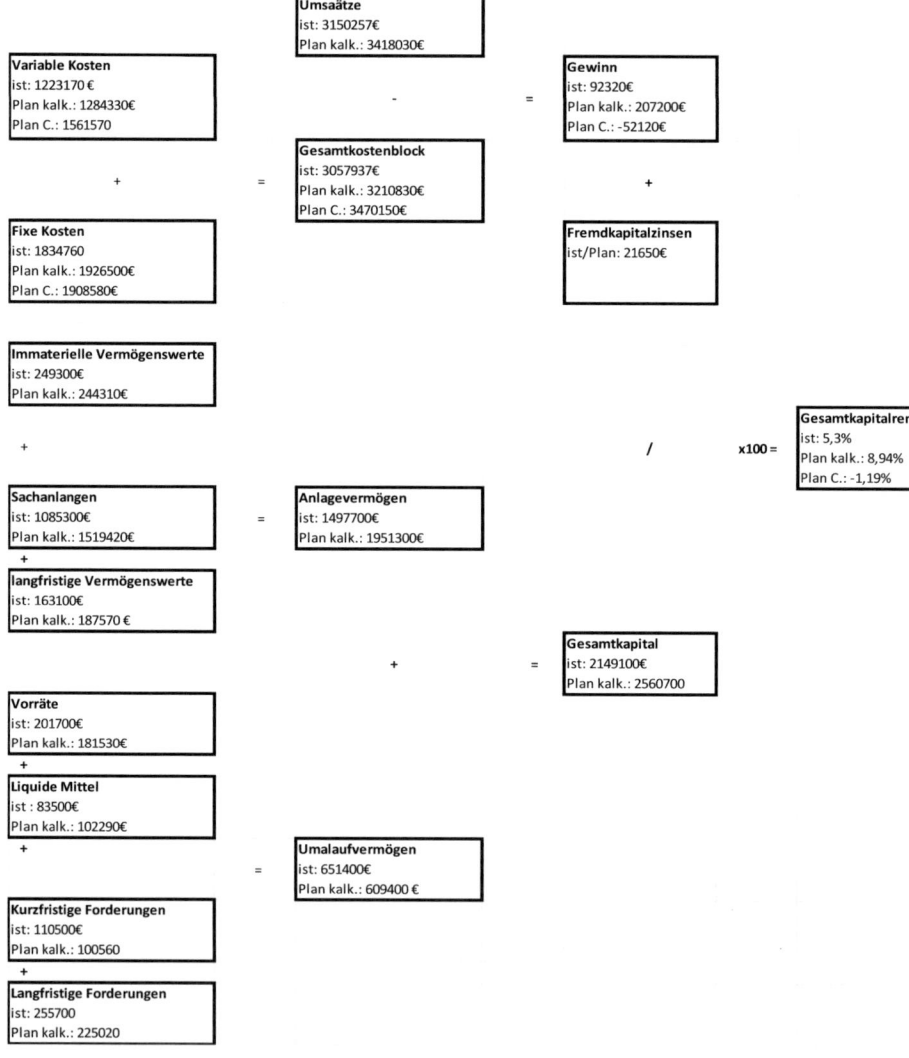

Ist= Zahlen 2015, Plan kalk. =kalkulierte Planzahlen für 2016, Plan C.= kalkulierte Planzahlen der Controllingabteilung für 2016

2.3 Interpretation Controllingsystem

Nach den kalkulierten Planzahlen, wird das Unternehmen 2016 den Gewinn erhöhen, da man davon ausgeht, dass der Umsatz ansteigen wird.

Nach der Controllingabteilung jedoch geht man davon aus, dass die Ist-Kosten um 13,48% steigen werden, wodurch das Unternehmen dann einen negativen Gewinn einfährt. Durch die anstehenden Modernisierungsmaßnahmen der Sachanlagen, steigt das Anlagevermögen deutlich an. Der Anstieg des Gesamtkostenblocks, kann durch erhöhte Produktion oder durch Erhöhung der Personalkosten zustande kommen.

Die Gesamtkapitalrentabilität sagt aus wie sich das eingesetzte Kapital im Unternehmen verzinst hat. (Vollmuth, 2001, S. 200)

Kalkuliert wurde eine Steigerung der Gesamtkapitalrentabilität von 5,3% auf 8,94%. Der Anstieg Gesamtkapitalrentabilität, entsteht durch den erhöhten Gewinn von 2015 auf 2016.

Da die Controllingabteilung mit einem deutlichen Anstieg der Ist-Kosten ausgeht und dadurch der Gewinn negativ wird, entsteht eine Gesamtkapitalrentabilität von -1,19%.

Durch die Aussage der Controllingabteilung, dass es zu einer deutlichen Erhöhung der Kosten führen wird, sollte sich das Unternehmen auf die Senkung der Kosten konzentrieren. Die Senkung der Kosten führt zu einer Erhöhung des Gewinns, was auch das Ziel des Unternehmens ist.

3   Kostenrechnung

3.1   Zuschlagskalkulation

Tab. 1. Kalkulationsschema

Einkaufspreis (brutto)	82,70€	19 %
Listeneinkaufspreis (netto)	69,50€	
− Rabatt	1,67€	2,4%
= Zieleinkaufspreis	67,83€	
− Skonto	0,68€	1 %
= Bareinkaufspreis	67,15€	
+ Bezugskosten	2,25€	
= Bezugspreis / Einstandspreis	69,40€	

+ Handlungskosten	43,82€	63,14%
= Selbstkosten	113,22€	
+ Gewinn	40,19€	35,5%
= Barverkaufspreis	153,41€	
+ Skonto	4,60€	3 %
= Zielverkaufspreis	158,01€	
+ Rabatt	6,32€	4%
= Listenverkaufspreis (netto)	164,33€	
= Verkaufspreis (brutto)	<u>195,55€</u>	(+19 %)

Bezugskosten: Transportkosten+ Zollgebühren

Handlungskosten: Handlungskostenzuschlagsatz= Gemeinkosten:Einzelkosten

Gemeinkosten=Miete+Versicherungskosten+Personalkosten+Vertriebskosten

Bezugskosten: 1,50+0,75=2,25€

Gemeinkosten=90100+4096+72690+5240=172126€

Einzelkosten= Wareneinsatzkosten

Handlungskostenzuschlagssatz: 172126:272600=0,6314= 63,14%

Der Bruttoverkaufspreis der Sportuhr beträgt 195,55 €.

3.2 Deckungsbeitragsrechnung

Durchschnittlich gibt 240 Kaufinteressenten im Monat.1/3 nehmen an Laufbandanalyse teil.

70% der Teilnehmer würden Laufschuhe kaufen.

Teilnehmer der Laufbandanalyse 240 x 1/3 =80

80 Kaufinteressenten nehmen an der Laufanalyse teil.

0,7 x 80= 56

56 Personen würden die Laufschuhe Kaufen.

Provision der Mitarbeiter 5 €/Paar, Teilnehmer der Laufbahnananlayse erhalten 50% Preisnachlass,

Warenhaus Gesamtfläche 1200m², 8900€ Miete im Monat, Nebenkosten 5% der Monatsmiete,

Serviceangebot auf 20m²

Anschaffungskosten 3850€ (Brutto) Nutzungsdauer 6 Jahre

Bruttoverkaufspreis Laufbandanalayse Berechnung:

Tab. 2 Berechnung Bruttopreis Laufbandanalyse

	Rechnung:	Kosten
Miete 20qm:	8900€:1200m²=7,42€ x20m²=	148,40€
Nebenkosten 20qm:	8900€x0,05=445€:1200m²=0,37€ x20qm=	7,42€
Provision Personal:	56x5€	280€
Abschreibungen im Monat (Netto):	3850:1,19=3235,29:6=539,22:12=	44,93€
Kosten gesamt (Netto):		480,75€
Nettopreis Laufbandanalyse:	480,75€:80 Teilnehmer im Monat=	6,01€
Nettopreis Laufbandanalyse bei 56 Personen die 50% Preisnachlass erhalten:	6,01x56=336,56:2=168,28+480,75= 649,03:80 Teilnehmer=	8,11€
Bruttopreis Laufbandanalyse:	8,11x1,19=	**9,65€**

Der Preis für eine Laufbandanalyse sollte 9,65€ betragen, damit der Deckungsbeitrag des Angebotes nicht negativ ist.

3.3 Interpretation einer Deckungsbeitragssituation

Bei einem positiven Deckungsbeitrag 1 und einem negativen Deckungsbeitrag 2, sollte der Geschäftsbereich nicht aufgegeben werden. Solange ein anderer Geschäftsbereich Kostendeckend mit einen positiven Deckungsbeitrag 2 vorangeht, kann dieser erhalten bleiben. Trotzdem sollte das Unternehmen anstreben die Produktfixkosten zu senken, damit der Deckungsbeitrag 2 positiv wird.

Bei einem negativen Deckungsbeitrag 1 wirtschaftet das Unternehmen durch den Geschäftsbereich nicht Kostendeckend und fährt einen Verlust ein. Der Geschäftsbereich sollte dann aufgegeben werden. Der Deckungsbeitrag 1 ist positiv, wenn durch die Einnahmen die variablen Kosten gedeckt werden.

Ein Produkt aus einem Sortiment das einen negativen Deckungsbeitrag 1 aufweist, sollte nicht aus dem Sortiment entfernt werden, wenn ein anderes Produkt aus demselben Sortiment von diesem abhängig ist, um einen positiven Deckungsbeitrag 1 beizubehalten.

Literaturverzeichnis

Declungsbeitragsrechnung: Zugriff am 06.08.2017. Verfügbar unter https://www.controlling-portal.de/Fachinfo/Grundlagen/Deckungsbeitragsrechnung.html

Cashflow: Zugriff am 06.08.2017. Verfügbar unter http://www.welt-der-bwl.de/Cashflow

Working-Capital: Zugriff am 06.08.2017. Verfügbar unter http://www.welt-der-bwl.de/Working-Capital

Schlaffke, W. & Plännecke, A. (2017). Studienbrief Betriebswirtschaftslehre III (Rev. 17). Saarbrücken: DHfPG

Vollmuth, H.J. (2001). Bilanzen richtig lesen, besser verstehen, optimal gestalten. Bilanzanalyse und Bilanzkritik für die

Abbildungs- und Tabellenverzeichnis

Abbildungsverzeichnis

Tabellenverzeichnis